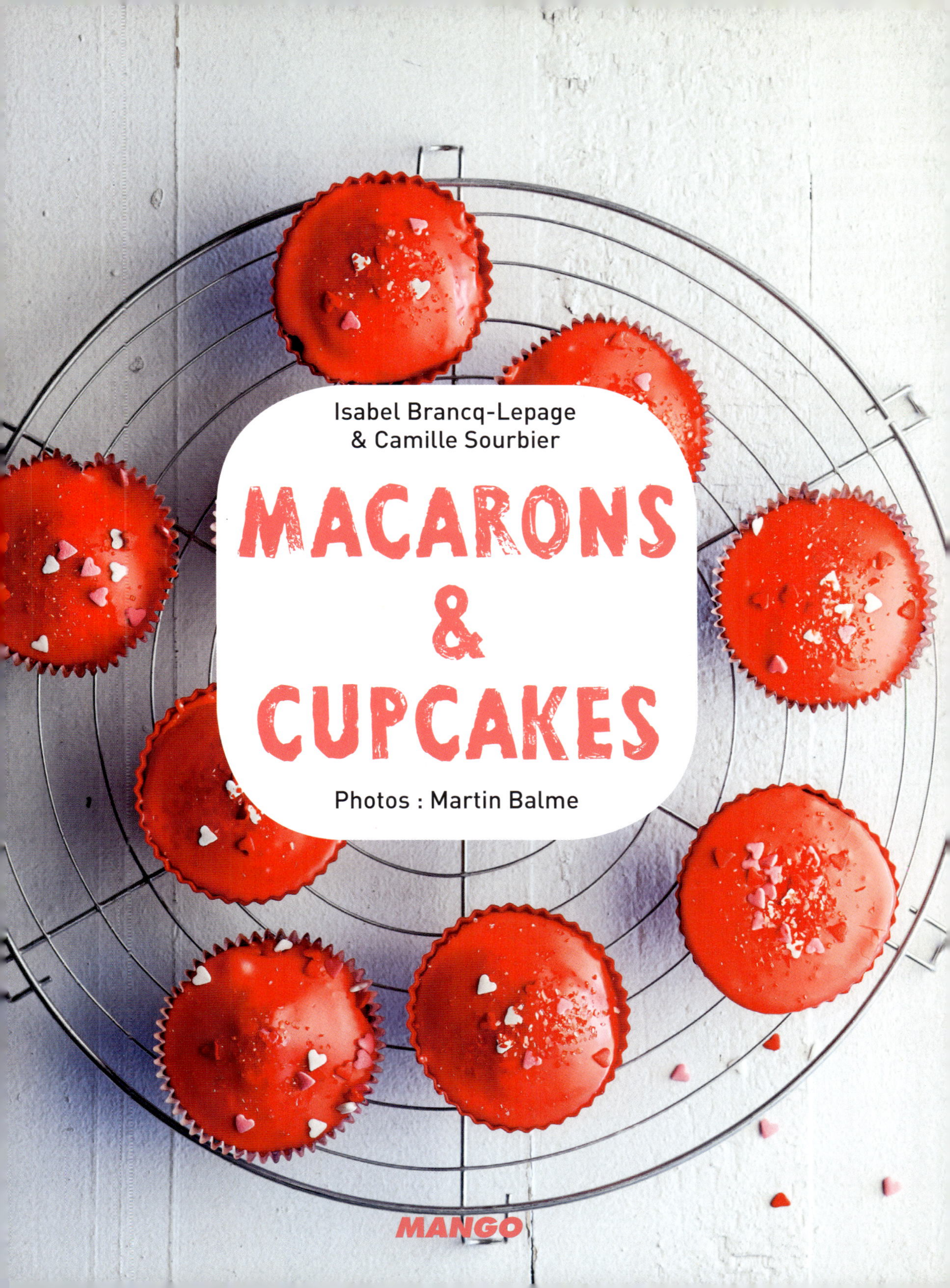

Isabel Brancq-Lepage
& Camille Sourbier

MACARONS & CUPCAKES

Photos : Martin Balme

MANGO

SOMMAIRE

BASES

MACARONS

CUPCAKES

WHOOPIES

FLASHEZ ! CUISINEZ !

Téléchargez gratuitement l'application appropriée sur votre smartphone ou votre tablette. Flashez les QR Codes et visionnez toutes les techniques en vidéo.

Si vous ne possédez ni smartphone ni tablette, il vous suffit d'aller sur Internet et de taper l'adresse URL située sous le QR Code : vous accéderez directement aux vidéos !

PRÉFACE

Découvrez 50 recettes de macarons, cupcakes et whoopies, ces petits biscuits fourrés comme des macarons, mais tellement plus simples !

Vous verrez, réaliser des macarons ou décorer des cupcakes à la poche à douille n'aura plus de secret pour vous !

Plus qu'un livre, Macarons & cupcakes devient votre complice en cuisine. Alors, profitez-en et régalez-vous !

RECETTE DE BASE DES MACARONS

Ingrédients pour 20 macarons

Préparation : 20 min

Cuisson : 14 à 15 min

Repos de la pâte : 1 h

Réfrigération : 1 nuit

- 140 g de blancs d'œufs à température ambiante
- 185 g de sucre semoule
- 160 g de poudre d'amandes très fine
- 160 g de sucre glace tamisé
- Vanille en poudre ou autre arôme (zeste râpé de citron, eau de rose...)
- Colorant alimentaire (facultatif)

1 - La meringue

■ Partagez le sucre semoule dans 2 bols.

■ Fouettez les blancs d'œufs à l'aide du robot électrique, d'abord à petite vitesse, pour former une mousse.

■ Ajoutez le premier bol de sucre et continuez de fouetter jusqu'à formation de petits becs d'oiseau.

■ Versez alors le second bol de sucre, augmentez la vitesse du robot et fouettez encore jusqu'à ce que le sucre soit bien dissous et les blancs très crémeux.

www.mangocuisine.com/videocook/908/71

2 - Le macaronage

- Dans un saladier, tamisez ensemble la poudre d'amandes et le sucre glace (les grands pâtissiers nomment cette étape le « tant pour tant »).
- Jetez ce mélange sur les blancs en neige et incorporez-le à l'aide d'une maryse (spatule plate) en soulevant délicatement les blancs de bas en haut.
- Ajoutez ensuite la vanille en poudre, l'arôme et/ou le colorant alimentaire et mélangez à nouveau en veillant à ne pas trop travailler l'appareil pour ne pas faire retomber les blancs : la meringue doit être un peu visqueuse (sans couler) et bien brillante.

www.mangocuisine.com/videocook/908/72

3 - Le croûtage

- Sur une plaque à pâtisserie recouverte de papier sulfurisé ou d'une feuille de silicone, à l'aide d'une poche à douille, répartissez des petits disques de pâte bien espacés.
- Laissez reposer 1 heure minimum dans un endroit très sec : le macaron doit « croûter » (une collerette se forme et il devient sec au toucher).

www.mangocuisine.com/videocook/908/73

4 - La cuisson

- Préchauffez le four à 150 °C (th. 5), chaleur tournante de préférence.
- Enfournez les macarons et faites-les cuire 14 à 15 minutes. Sortez-les du four et laissez-les refroidir avant de les décoller doucement avec la spatule. Placez-les sur une grille.
- Garnissez 1 coque de macaron avec le fourrage de votre choix, puis recouvrez d'une autre coque. Réservez les macarons une nuit au réfrigérateur.

www.mangocuisine.com/videocook/908/74

LES GARNITURES
POUR MACARONS & WHOOPIES

Le caramel au beurre salé

- 150 g de sucre semoule ou de cassonade
- 30 g de beurre demi-sel
- 5 cl de crème fraîche liquide

■ Dans une casserole à fond épais, portez à ébullition le sucre avec 10 cl d'eau, puis laissez colorer à feu doux sans remuer jusqu'à l'obtention d'un caramel doré.

■ Hors du feu, ajoutez le beurre en mélangeant constamment puis incorporez la crème fraîche. Lissez bien la préparation.

■ Versez le caramel dans un petit bol et placez 30 minutes au réfrigérateur.

La ganache

- 100 g de chocolat
- 30 g de beurre doux ou demi-sel

■ Cassez le chocolat en petits morceaux ou, mieux, hachez-le au couteau en fins copeaux. Déposez-le dans un saladier.

■ Faites fondre le beurre au micro-ondes ou dans une casserole au bain-marie. Versez le beurre fondu sur le chocolat et lissez à la spatule pour obtenir une préparation onctueuse.

Vous pouvez ajouter 2 cuillerées à soupe de crème liquide en même temps que le beurre.

La crème au beurre aromatisée

- 200 g de beurre pommade
- 150 g de sucre glace tamisé
- 1 cuillerée à café d'arôme alimentaire de votre choix
- 1 ou 2 gouttes de colorant alimentaire (facultatif)

■ Dans un saladier, mélangez le beurre pommade et le sucre glace à l'aide d'un fouet manuel ou du bout des doigts. Incorporez l'arôme alimentaire de votre choix et éventuellement le colorant.

■ Réservez au frais.

Les compotées de fruits

- 200 g de fruits (framboises, fraises, bananes, kiwis...)
- 25 g de sucre semoule
- 20 g de Vitpris®

■ Pelez et coupez les fruits en morceaux si nécessaire.

■ Dans une casserole, faites compoter les fruits avec le sucre et le Vitpris® pendant 15 à 20 minutes à feu doux. Passez la préparation au chinois et laissez refroidir.

LES GLAÇAGES POUR CUPCAKES

Tamisez le sucre glace dans un saladier. Ajoutez le reste des ingrédients et mélangez vigoureusement avec une spatule.

Glaçage au beurre

100 g de beurre mou
+
200 g de sucre glace
+
1 sachet de sucre vanillé
+
1 ou 2 gouttes de colorant alimentaire

Glaçage au sucre

200 g de sucre glace
+
1 cuillerée à soupe d'eau chaude
+
1 ou 2 gouttes de colorant alimentaire

Glaçage au cream cheese

150 g de sucre glace
+
150 g de fromage frais (type St Môret®, Philadelphia® ou Madame Loïk®)

Préparation : 30 min

Cuisson : 14 à 15 min (les macarons), 15 à 20 min (la gelée)

Repos de la pâte : 1 h

Réfrigération : 1 nuit

MACARONS À LA FRAMBOISE

Ingrédients pour 20 macarons

Pour les coques
- 140 g de blancs d'œufs à température ambiante
- 185 g de sucre semoule
- 160 g de poudre d'amandes très fine
- 160 g de sucre glace tamisé
- 1 cuillerée à café de sirop de framboise
- 1 ou 2 gouttes de colorant alimentaire fuchsia

Pour la gelée de framboise
- 200 g de framboises fraîches de préférence
- 20 g de Vitpris®
- 25 g de sucre semoule

■ Confectionnez les coques de macarons (voir la recette de base p.7) en ajoutant le sirop de framboise et le colorant alimentaire fuchsia.

■ Réalisez la gelée de framboise : dans une casserole sur feu doux, faites compoter les framboises avec le sucre semoule et le Vitpris® pendant 15 à 20 minutes.

■ Passez la purée de framboise au chinois pour enlever les pépins. Laissez refroidir à température ambiante.

■ Étalez la gelée de framboise sur 1 coque de macaron, puis posez une autre coque par-dessus. Procédez ainsi pour les autres macarons. Réservez une nuit au réfrigérateur.

Préparation : 40 min

Cuisson : 14 à 15 min

Repos de la pâte : 1 h

Réfrigération : 1 nuit (les macarons), 30 min (le fourrage)

MACARONS VANILLE & CARAMEL AU BEURRE SALÉ

www.mangocuisine.com/videocook/908/14

Ingrédients pour 20 macarons

Pour les coques
- 140 g de blancs d'œufs à température ambiante
- 185 g de sucre semoule
- 160 g de poudre d'amandes très fine
- 160 g de sucre glace tamisé
- 2 cuillerées à soupe de vanille en poudre

Pour le caramel au beurre salé
- 150 g de sucre semoule ou de cassonade
- 30 g de beurre demi-sel
- 5 cl de crème fraîche liquide

■ Confectionnez les coques de macarons (voir la recette de base p.7).

■ Réalisez le fourrage au caramel : sur feu doux, faites chauffer le sucre avec 10 cl d'eau dans une casserole à fond épais jusqu'à l'obtention d'un caramel doré.

■ Ajoutez le beurre en mélangeant constamment puis, hors du feu, incorporez la crème fraîche, sans cesser de remuer.

■ Versez le caramel dans un petit bol et laissez refroidir. Placez 30 minutes au réfrigérateur.

■ Étalez le caramel sur 1 coque de macaron, puis posez une autre coque par-dessus. Procédez ainsi pour les autres macarons. Réservez une nuit au réfrigérateur.

Préparation : 40 min

Cuisson : 14 à 15 min

Repos de la pâte : 1 h

Réfrigération : 1 nuit

MACARONS À LA PISTACHE

Ingrédients pour 20 macarons

Pour les coques
- 140 g de blancs d'œufs à température ambiante
- 185 g de sucre semoule
- 160 g de poudre d'amandes très fine
- 160 g de sucre glace tamisé
- 30 g de pistaches vertes non salées finement hachées (ou de pâte de pistache)
- 1 goutte de colorant alimentaire vert
- 1 goutte de colorant alimentaire jaune

Pour la crème à la pistache
- 50 g de pâte de pistache
- 2 jaunes d'œufs
- 2 sachets de sucre vanillé
- 10 cl de crème liquide
- 20 g de beurre

■ Confectionnez les coques de macarons (voir la recette de base p.7) en ajoutant les pistaches hachées (ou la pâte de pistache) et les colorants vert et jaune.

■ Réalisez la crème à la pistache : dans un saladier, délayez la pâte de pistache avec la crème liquide. Ajoutez le sucre vanillé et les jaunes d'œufs. Fouettez vigoureusement et versez le tout dans une casserole. Faites chauffer sur feu moyen pendant 5 minutes environ sans cesser de fouetter jusqu'à ce que la crème épaississe. Hors du feu, ajoutez le beurre et mélangez. Laissez refroidir à température ambiante.

■ Étalez la crème à la pistache sur 1 coque de macaron, puis posez une autre coque par-dessus. Procédez ainsi pour les autres macarons. Réservez une nuit au réfrigérateur.

MACARONS AU CHOCOLAT

Préparation : 40 min

Cuisson : 14 à 15 min

Repos de la pâte : 1 h environ

Réfrigération : 1 nuit (les macarons), 3 à 4 h (la ganache)

www.mangocuisine.com/videocook/908/18

Ingrédients pour 20 macarons

Pour les coques
- 140 g de blancs d'œufs à température ambiante
- 185 g de sucre semoule
- 160 g de poudre d'amandes très fine
- 160 g de sucre glace tamisé
- 15 g de cacao amer en poudre
- 1 ou 2 gouttes de colorant alimentaire marron

Pour la ganache au chocolat noir
- 100 g de chocolat noir
- 12 cl de crème liquide
- 30 g de beurre demi-sel

■ Confectionnez les coques de macarons (voir la recette de base p.7) en ajoutant la poudre de cacao et le colorant alimentaire marron.

■ Réalisez la ganache : hachez le chocolat au couteau et déposez-le dans un bol. Faites chauffer la crème liquide puis versez-la sur le chocolat. Lissez le mélange au fouet et incorporez le beurre tout en fouettant. Laissez refroidir puis placez 3 à 4 heures au réfrigérateur.

■ Étalez la ganache sur 1 coque, puis posez une autre coque par-dessus. Procédez ainsi pour les autres macarons. Réservez une nuit au réfrigérateur.

MACARONS AU PRALINÉ

Préparation : 40 min

Cuisson : 14 à 15 min

Repos de la pâte : 1 h

Réfrigération : 1 nuit (les macarons), 30 min (la crème)

Ingrédients pour 20 macarons

Pour les coques
- 140 g de blancs d'œufs à température ambiante
- 185 g de sucre semoule
- 160 g de poudre d'amandes très fine
- 160 g de sucre glace tamisé
- 2 gouttes d'arôme de noisette grillée
- 1 ou 2 gouttes de colorant alimentaire orange

Pour la crème pralinée
- 40 g de pralin
- 120 g de beurre ramolli
- 120 g de sucre glace tamisé
- 1 goutte d'arôme de noisette grillée

■ Confectionnez les coques de macarons (voir la recette de base p.7) en ajoutant l'arôme de noisette grillée et le colorant alimentaire orange.

■ Réalisez la crème pralinée : dans un saladier, travaillez le beurre à la spatule jusqu'à l'obtention d'une consistance lisse et souple (comme une pommade). Ajoutez le sucre glace en fouettant vigoureusement. Incorporez ensuite le pralin et l'arôme de noisette grillée. Placez cette crème 30 minutes au réfrigérateur.

■ Étalez la crème pralinée sur 1 coque de macaron, puis posez une autre coque par-dessus. Procédez ainsi pour les autres macarons. Réservez une nuit au réfrigérateur.

Préparation : 40 min

Cuisson : 14 à 15 min

Repos de la pâte : 1 h

Réfrigération : 1 nuit

MACARONS CAFÉ-CANNELLE

Ingrédients pour 20 macarons

Pour les coques
- 140 g de blancs d'œufs à température ambiante
- 185 g de sucre semoule
- 160 g de poudre d'amandes très fine
- 160 g de sucre glace tamisé
- 1 cuillerée à café d'arôme au café

Pour la crème au café
- 120 g de beurre ramolli
- 120 g de sucre glace tamisé
- 2 gouttes d'arôme au café
- 1 cuillerée à café de cannelle en poudre

■ Confectionnez les coques de macarons (voir la recette de base p. 7) en ajoutant l'arôme au café.

■ Réalisez la crème au café : dans un saladier, travaillez le beurre à la spatule jusqu'à l'obtention d'une consistance bien lisse et souple (comme une pommade). Ajoutez le sucre glace en fouettant vigoureusement. Incorporez ensuite l'arôme au café et la cannelle : la crème doit être lisse et onctueuse.

■ Étalez la crème au café sur 1 coque de macaron, puis posez une autre coque par-dessus. Procédez ainsi pour les autres macarons. Réservez une nuit au réfrigérateur.

Préparation : 30 min

Cuisson : 14 à 15 min

Repos de la pâte : 1 h

Réfrigération : 1 nuit

MACARONS À LA ROSE

Ingrédients pour 20 macarons

Pour les coques

- 140 g de blancs d'œufs à température ambiante
- 185 g de sucre semoule
- 160 g de poudre d'amandes très fine
- 160 g de sucre glace tamisé
- 1 cuillerée à café d'eau de rose ou d'arôme à la rose
- 1 ou 2 gouttes de colorant alimentaire rose ou rouge clair

Pour la ganache au chocolat blanc

- 100 g de chocolat blanc haché ou en pépites
- 30 g de beurre demi-sel

■ Confectionnez les coques de macarons (voir la recette de base p. 7) en ajoutant l'eau (ou l'arôme) de rose et le colorant alimentaire.

■ Réalisez le fourrage au chocolat : déposez le chocolat et le beurre dans un bol et placez celui-ci au bain-marie. Faites fondre sans cesser de remuer pour obtenir une ganache bien lisse. Laissez légèrement refroidir.

■ Étalez la ganache (refroidie mais non figée) sur 1 coque de macaron, puis posez une autre coque par-dessus. Procédez ainsi pour les autres macarons. Réservez une nuit au réfrigérateur.

Préparation : 30 min

Cuisson : 14 à 15 min

Repos de la pâte : 1 h

Réfrigération : 1 nuit

MACARONS MENTHE-CHOCOLAT

Ingrédients pour 20 macarons

Pour les coques
- 140 g de blancs d'œufs à température ambiante
- 185 g de sucre semoule
- 160 g de poudre d'amandes très fine
- 160 g de sucre glace tamisé
- 1 cuillerée à café de sirop de menthe verte
- 1 ou 2 gouttes de colorant alimentaire vert

Pour la ganache au chocolat noir
- 100 g de chocolat noir haché ou en pépites
- 30 g de beurre

■ Confectionnez les coques de macarons (voir la recette de base p. 7) en ajoutant le sirop de menthe et le colorant alimentaire vert.

■ Réalisez la ganache : faites fondre le beurre au micro-ondes ou dans une casserole au bain-marie. Ajoutez le chocolat haché et lissez à la spatule. Laissez refroidir à température ambiante.

■ Étalez la ganache sur 1 coque de macaron, puis posez une autre coque par-dessus. Procédez ainsi pour les autres macarons. Réservez une nuit au réfrigérateur.

MACARONS AU CITRON VERT

Préparation : 40 min

Cuisson : 14 à 15 min

Repos de la pâte : 1 h environ

Réfrigération : 1 nuit (les macarons), 30 min (la crème)

www.mangocuisine.com/videocook/908/26

Ingrédients pour 20 macarons

Pour les coques
- 140 g de blancs d'œufs à température ambiante
- 185 g de sucre semoule
- 160 g de poudre d'amandes très fine
- 160 g de sucre glace tamisé
- Le zeste finement râpé de 2 citrons verts
- 1 ou 2 gouttes de colorant alimentaire vert clair ou jaune

Pour la crème au citron vert
- 2 œufs
- Le zeste râpé de 1 citron vert
- Le jus de 2 citrons verts
- 120 g de beurre froid
- 1 cuillerée à café de gingembre en poudre
- 120 g de sucre semoule

■ Confectionnez les coques de macarons (voir la recette de base p. 7) en ajoutant le zeste râpé des citrons verts (réservez les citrons pour le jus du fourrage) et le colorant alimentaire.

■ Réalisez la crème au citron vert : dans un bol placé au bain-marie, fouettez les œufs et le sucre. Ajoutez le zeste râpé et le jus de citron ainsi que le gingembre et mélangez. Faites chauffer lentement jusqu'à épaississement. Retirez du feu et continuez de fouetter pour diminuer la température. Ajoutez progressivement le beurre coupé en dés et mélangez doucement. Laissez refroidir puis placez 30 minutes au réfrigérateur.

■ Étalez la crème au citron sur 1 coque de macaron, puis posez une autre coque par-dessus. Procédez ainsi pour les autres macarons. Réservez une nuit au réfrigérateur.

Vous pouvez, si vous êtes pressé, remplacer la crème au citron par du lemon curd !

MACARONS AU PAMPLEMOUSSE ROSE

Préparation : 40 min

Cuisson : 14 à 15 min

Repos de la pâte : 1 h

Réfrigération : 1 nuit

Ingrédients pour 20 macarons

Pour les coques

- 140 g de blancs d'œufs à température ambiante
- 185 g de sucre semoule
- 160 g de poudre d'amandes très fine
- 160 g de sucre glace tamisé
- 2 gouttes d'arôme alimentaire au pamplemousse
- 1 goutte de colorant alimentaire rose clair
- 1 goutte de colorant alimentaire jaune

Pour la gelée de pamplemousse

- 20 cl de jus de pamplemousse rose avec la pulpe
- 50 g de Vitpris®
- 30 g de sucre semoule

■ Confectionnez les coques de macarons (voir la recette de base p. 7) en ajoutant l'arôme au pamplemousse et les colorants alimentaires rose clair et jaune.

■ Réalisez la gelée de pamplemousse : dans une casserole, faites compoter sur feu doux le jus de pamplemousse avec le sucre et le Vitpris® pendant 15 à 20 minutes jusqu'à l'obtention d'une belle gelée rosée. Laissez refroidir.

■ Étalez la gelée de pamplemousse sur 1 coque de macaron, puis posez une autre coque par-dessus. Procédez ainsi pour les autres macarons. Réservez une nuit au réfrigérateur.

Préparation : 40 min

Cuisson : 14 à 15 min

Repos de la pâte : 1 h

Réfrigération : 1 h (les macarons), 30 min (la crème)

MACARONS À LA MANDARINE

Ingrédients pour 20 macarons

Pour les coques
- 140 g de blancs d'œufs à température ambiante
- 185 g de sucre semoule
- 160 g de poudre d'amandes très fine
- 160 g de sucre glace tamisé
- 2 gouttes d'arôme à la mandarine
- 1 ou 2 gouttes de colorant alimentaire orange

Pour la crème à la mandarine
- 2 mandarines
- 120 g de beurre ramolli
- 120 g de sucre glace tamisé

■ Confectionnez les coques de macarons (voir la recette de base p. 7) en ajoutant l'arôme à la mandarine et le colorant alimentaire orange.

■ Réalisez la crème à la mandarine : prélevez le zeste des mandarines. Recueillez 1 ou 2 cuillerées à café de jus.

■ Dans un saladier, travaillez le beurre à la spatule jusqu'à l'obtention d'une consistance lisse et souple (comme une pommade). Ajoutez le sucre glace en fouettant vivement. Incorporez le zeste et le jus des mandarines. Placez cette crème 30 minutes au réfrigérateur.

■ Étalez la crème à la mandarine sur 1 coque de macaron, puis posez une autre coque par-dessus. Procédez ainsi pour les autres macarons. Réservez une nuit au réfrigérateur.

Préparation : 40 min

Cuisson : 14 à 15 min

Repos de la pâte : 1 h environ

Réfrigération : 1 nuit (les macarons), 1 à 2 h (la crème)

MACARONS À LA NOIX DE COCO

Ingrédients pour 20 macarons

Pour les coques
- 140 g de blancs d'œufs à température ambiante
- 185 g de sucre semoule
- 160 g de poudre d'amandes très fine
- 160 g de sucre glace tamisé
- 15 g de noix de coco râpée
- 2 gouttes d'arôme noix de coco

Pour la crème à la noix de coco
- 30 g de noix de coco râpée
- 120 g de beurre ramolli
- 120 g de sucre glace tamisé
- 1 goutte d'arôme noix de coco

■ Confectionnez les coques de macarons (voir la recette de base p. 7) en ajoutant la noix de coco râpée et l'arôme noix de coco.

■ Réalisez la crème à la noix de coco : dans un saladier, mélangez au fouet électrique le beurre et le sucre glace. Ajoutez l'arôme noix de coco et la noix de coco râpée. Mélangez vigoureusement le tout à l'aide du fouet. Placez cette crème 1 à 2 heures au réfrigérateur.

■ Étalez la crème à la noix de coco sur 1 coque de macaron, puis posez une autre coque par-dessus. Procédez ainsi pour les autres macarons. Réservez une nuit au réfrigérateur.

Préparation : 40 min

Cuisson : 14 à 15 min

Repos de la pâte : 1 h

Réfrigération : 1 nuit (les macarons), 30 min (le fourrage)

MACARONS TAGADA®

Ingrédients pour 20 macarons

Pour les coques
- 140 g de blancs d'œufs à température ambiante
- 185 g de sucre semoule
- 160 g de poudre d'amandes très fine
- 160 g de sucre glace tamisé
- 2 gouttes d'arôme fraise Tagada®
- 1 ou 2 gouttes de colorant alimentaire rouge

Pour la crème Tagada®
- 150 g de fraises Tagada®
- 30 g de chocolat blanc
- 7 cl de crème liquide

■ Confectionnez les coques de macarons (voir la recette de base p.7) en ajoutant l'arôme fraise Tagada® et le colorant alimentaire rouge.

■ Réalisez la crème Tagada® : dans une casserole, faites bouillir la crème liquide avec les fraises Tagada® pendant 1 minute. Hachez le chocolat blanc et déposez-le dans un bol. Versez la crème chaude par-dessus et lissez bien le tout à la spatule. Laissez refroidir puis placez cette crème 30 minutes au réfrigérateur.

■ Étalez la crème Tagada® sur 1 coque de macaron, puis posez une autre coque par-dessus. Procédez ainsi pour les autres macarons. Réservez une nuit au réfrigérateur.

www.mangocuisine.com/videocook/908/32

MACARONS AU RÉGLISSE

Préparation : 30 min

Cuisson : 14 à 15 min

Repos de la pâte : 1 h

Réfrigération : 1 nuit

Ingrédients pour 20 macarons

Pour les coques
- 140 g de blancs d'œufs à température ambiante
- 185 g de sucre semoule
- 160 g de poudre d'amandes très fine
- 160 g de sucre glace tamisé
- 2 cuillerées à soupe de poudre de réglisse
- 2 gouttes de colorant alimentaire noir

Pour la crème de réglisse
- 150 g de chocolat blanc
- 25 cl de crème liquide
- 1 cuillerée à café d'arôme réglisse (ou 1 poignée de bonbons à la réglisse)

■ Confectionnez les coques de macarons (voir la recette de base p. 7) en ajoutant la poudre de réglisse et le colorant alimentaire noir.

■ Réalisez la crème de réglisse : hachez finement le chocolat. Dans une casserole, portez la crème liquide à ébullition. Hors du feu, ajoutez l'arôme réglisse (ou les bonbons) et le chocolat. Mélangez avec une spatule pour bien lisser la crème. Laissez refroidir à température ambiante.

■ Étalez la crème de réglisse sur 1 coque de macaron, puis posez une autre coque par-dessus. Procédez ainsi pour les autres macarons. Réservez une nuit au réfrigérateur.

SUCETTES DE MACARONS

Préparation : 40 min

Cuisson : 14 à 15 min

Repos de la pâte : 1 h

Réfrigération : 1 nuit

www.mangocuisine.com/videocook/908/35

Ingrédients pour 20 sucettes

Pour les coques
- 140 g de blancs d'œufs à température ambiante
- 185 g de sucre semoule
- 160 g de poudre d'amandes très fine
- 160 g de sucre glace tamisé

Pour la ganache
- 100 g de chocolat haché de votre choix (noir, au lait, blanc)
- 30 g de beurre

Pour le nappage
- 150 g de chocolat noir ou au lait

- 20 bâtonnets en bois pour esquimaux

■ Confectionnez les coques de macarons (voir la recette de base p. 7) sans ajouter d'arôme ni de colorant alimentaire. Ou utilisez les coques abîmées de la couleur de votre choix.

■ Réalisez la ganache : faites fondre le beurre au micro-ondes ou dans une casserole au bain-marie. Ajoutez le chocolat haché et lissez à la spatule. Laissez refroidir à température ambiante.

■ Étalez la ganache sur 1 coque de macaron. Placez 1 bâtonnet au centre puis recouvrez d'une autre coque. Procédez ainsi pour les autres macarons. Réservez une nuit au réfrigérateur.

■ Le lendemain, faites fondre le chocolat pour le nappage (au micro-ondes ou dans une casserole au bain-marie). Trempez aussitôt les sucettes dans le chocolat fondu (n'attendez pas qu'il fige) et déposez-les sur une feuille de papier sulfurisé. Placez au frais pour qu'elles durcissent.

Voici une solution de repli pour les coques de macarons ratées ou imprésentables. Vous pouvez enrober les sucettes de billes de sucre décoratif après le passage dans le chocolat fondu.

Préparation : 40 min

Cuisson : 14 à 15 min

Repos de la pâte : 1 h environ

Réfrigération : 1 nuit

MACARONS AU FRUIT DE LA PASSION

Ingrédients pour 20 macarons

Pour les coques
- 140 g de blancs d'œufs à température ambiante
- 185 g de sucre semoule
- 160 g de poudre d'amandes très fine
- 160 g de sucre glace tamisé
- 2 gouttes d'arôme au fruit de la passion
- 1 ou 2 gouttes de colorant alimentaire orange

Pour la gelée au fruit de la passion
- 200 g de pulpe de fruit de la passion surgelée
- 25 g de sucre semoule
- 20 g de Vitpris®

■ Confectionnez les coques de macarons (voir la recette de base p. 7) en ajoutant l'arôme au fruit de la passion et le colorant alimentaire orange.

■ Réalisez la gelée : décongelez la pulpe de fruit de la passion (filtrez-la pour enlever les pépins). Faites-la compoter dans une casserole sur feu doux avec le sucre et le Vitpris® pendant 15 à 20 minutes jusqu'à l'obtention d'une belle gelée orangée. Laissez refroidir.

■ Étalez la gelée sur 1 coque de macaron, puis posez une autre coque par-dessus. Procédez ainsi pour les autres macarons. Réservez une nuit au réfrigérateur.

Préparation : 20 min

Cuisson : 20 min

Repos de la pâte : 30 min

MACARONS DE NANCY

Ingrédients pour 20 macarons

- 4 blancs d'œufs
- 200 g de poudre d'amandes
- 350 g de sucre glace tamisé
- 2 cuillerées à soupe de vanille en poudre

■ Dans un bol, fouettez les blancs d'œufs avec une fourchette.

■ Dans un saladier, mélangez le sucre glace, la poudre d'amandes et la vanille. Incorporez peu à peu les blancs d'œufs fouettés. Travaillez vivement la pâte à la spatule pendant quelques minutes.

■ Sur une plaque à pâtisserie recouverte de papier sulfurisé, à l'aide d'une poche munie d'une douille unie de 8 mm, déposez des disques de pâte de 5 cm de diamètre environ, en les espaçant.

■ Humidifiez les macarons avec un pinceau, puis laissez-les sécher 30 minutes à température ambiante.

■ Préchauffez le four à 160 °C (th. 5-6).

■ Enfournez les macarons et faites-les cuire 10 minutes. Entrouvrez la porte et continuez ainsi la cuisson 10 minutes afin que les macarons soient bien dorés.

■ Avec la spatule, décollez les macarons et disposez-les sur une grille pour qu'ils refroidissent.

Préparation : 30 min

Cuisson : 15 à 20 min

CUPCAKES FACILES À LA VANILLE, GLAÇAGE COLORÉ

Ingrédients pour6 à 8 cupcakes

- 2 œufs
- 110 g de farine avec levure incorporée
- ½ sachet de levure chimique
- 110 g de sucre semoule
- 110 g de beurre ramolli
- 1 cuillerée à soupe d'extrait de vanille liquide
- 1 cuillerée à soupe de lait (facultatif)
- Petites billes de sucre argentées ou colorées pour la déco

Pour le glaçage

- 200 g de sucre glace tamisé
- 1 goutte de colorant alimentaire bleu
- 1 goutte de colorant alimentaire rose

■ Préchauffez le four à 180 °C (th. 6).

■ Placez les caissettes dans les moules à cupcakes.

■ Dans un saladier, travaillez le beurre avec une cuillère en bois pour qu'il soit bien lisse et souple. Ajoutez le sucre et mélangez. Incorporez les œufs l'un après l'autre. Ajoutez la vanille, la farine puis la levure. Mélangez le tout de façon à avoir une texture bien homogène : la pâte doit se détacher de la cuillère (sinon, ajoutez 1 cuillerée à soupe de lait et mélangez à nouveau).

■ Répartissez la préparation dans les caissettes jusqu'aux deux tiers. Enfournez et faites cuire 15 à 20 minutes. Laissez refroidir sur une grille.

■ Préparez le glaçage : dans un saladier, mélangez vigoureusement le sucre glace avec 1 cuillerée à soupe d'eau chaude. Partagez la préparation dans 2 bols. Incorporez 1 goutte de colorant bleu dans l'un et 1 goutte de colorant rose dans l'autre en lissant avec une spatule.

■ Nappez les cupcakes de glaçage bleu et rose puis décorez avec des billes de sucre.

CUPCAKES AU CHOCOLAT AU LAIT & CHOCOLAT BLANC

Préparation : 30 min

Cuisson : 15 à 20 min

Réfrigération : 1 nuit

Ingrédients pour 6 à 8 cupcakes

- 2 œufs
- 110 g de farine
- 1 cuillerée à café de levure chimique
- 60 g de pépites de chocolat au lait
- 110 g de sucre blond
- 110 g de beurre ramolli
- 1 cuillerée à soupe d'extrait de vanille liquide
- 1 cuillerée à soupe de lait (facultatif)
- Copeaux de chocolat noir pour la déco

Pour la ganache au chocolat blanc

- 150 g de chocolat blanc (en pastilles de préférence)
- 15 cl de crème fraîche épaisse (ou de mascarpone)

■ Préchauffez le four à 180 °C (th. 6).

■ Placez les caissettes dans les moules à cupcakes.

■ Dans un saladier, travaillez le beurre avec une cuillère en bois pour qu'il soit bien lisse et souple. Ajoutez le sucre et mélangez. Incorporez les œufs l'un après l'autre. Ajoutez la vanille, la farine, la levure puis les pépites de chocolat. Mélangez le tout de façon à avoir une texture bien homogène : la pâte doit se détacher de la cuillère (sinon, ajoutez 1 cuillerée à soupe de lait et mélangez à nouveau).

■ Répartissez la préparation dans les caissettes jusqu'aux deux tiers. Enfournez et faites cuire 15 à 20 minutes. Laissez refroidir sur une grille.

■ Préparez la ganache : faites chauffer la crème dans une casserole. Déposez le chocolat dans un saladier et versez la crème chaude par-dessus. Laissez fondre 1 à 2 minutes, puis mélangez rapidement avec une maryse.

■ Versez la ganache encore tiède sur les cupcakes et décorez de copeaux de chocolat noir. Placez au réfrigérateur toute une nuit.

CUPCAKES AU NUTELLA®

Préparation : 30 min
Cuisson : 15 à 20 min
Réfrigération : 2 à 3 h

Ingrédients pour 6 à 8 cupcakes

- 1 œuf
- 125 g de farine
- ½ sachet de levure chimique
- 150 g de Nutella®
- 100 g de sucre semoule
- 40 g de beurre
- 1 cuillerée à soupe d'extrait de vanille liquide
- 1 cuillerée à soupe de lait

Pour la déco
- Vermicelles au chocolat
- 40 g de noisettes concassées

■ Préchauffez le four à 180 °C (th. 6).

■ Placez les caissettes dans les moules à cupcakes.

■ Faites fondre le beurre au micro-ondes ou dans une casserole au bain-marie.

■ Dans un saladier, mélangez la farine, la levure et le sucre.

■ Dans un bol, battez l'œuf avec le lait. Ajoutez la vanille et le beurre fondu. Versez dans le saladier de farine et mélangez de façon à avoir une texture bien homogène.

■ Dans chaque caissette, déposez 1 cuillerée à soupe de préparation. Ajoutez 1 cuillerée de Nutella® au centre, puis complétez par 1 cuillerée de pâte. Enfournez et faites cuire 15 à 20 minutes. Laissez refroidir sur une grille.

■ Décorez les cupcakes avec le reste de Nutella® en vous aidant d'une poche à douille. Saupoudrez de vermicelles au chocolat et de noisettes concassées. Placez les cupcakes 2 à 3 heures au réfrigérateur.

Préparation : 30 min

Cuisson : 15 à 20 min

CUPCAKES CHOCO ADDICT

Ingrédients pour 6 à 8 cupcakes

- 2 œufs
- 110 g de farine
- 1 cuillerée à café de levure chimique
- 20 g de cacao en poudre
- 110 g de sucre semoule
- 110 g de beurre ramolli
- ½ cuillerée à café d'extrait de vanille liquide
- 1 cuillerée à soupe de lait (facultatif)
- Vermicelles au chocolat et paillettes dorées pour la déco

Pour le glaçage

- 80 g de chocolat noir ou au lait
- 50 g de beurre
- 120 g de sucre semoule blond
- 4,5 cl de crème fraîche épaisse
- 180 g de sucre glace
- 2 cuillerées à soupe de cacao en poudre

■ Préchauffez le four à 180 °C (th. 6).

■ Préparez le glaçage : dans une casserole à fond épais, faites fondre le chocolat avec le beurre et le sucre semoule blond. Hors du feu, ajoutez le sucre glace, la crème fraîche et le cacao. Lissez le mélange à la spatule. Réservez au réfrigérateur.

■ Placez les caissettes dans les moules à cupcakes.

■ Dans un saladier, travaillez le beurre avec une cuillère en bois pour qu'il soit bien lisse et souple. Ajoutez le sucre et mélangez. Incorporez les œufs l'un après l'autre. Ajoutez la vanille, la farine, la levure puis le cacao en poudre. Mélangez le tout de façon à avoir une texture bien homogène : la pâte doit se détacher de la cuillère (sinon, ajoutez 1 cuillerée à soupe de lait et mélangez à nouveau).

■ Répartissez la pâte dans les caissettes jusqu'aux deux tiers. Enfournez et faites cuire 15 à 20 minutes. Laissez refroidir sur une grille.

■ Nappez les cupcakes de glaçage puis saupoudrez de vermicelles et de paillettes.

Préparation : 30 min

Cuisson : 20 min

CUPCAKES CHOCO-BANANE

Ingrédients pour 10 cupcakes

- 150 g de pépites de chocolat au lait
- 2 bananes mûres
- 1 yaourt nature
- 4 œufs
- 3 pots à yaourt de farine
- 1 sachet de levure chimique
- ½ pot à yaourt de sucre semoule
- 125 g de beurre fondu
- 100 g de Nutella®
- Nounours au chocolat blanc, paillettes alimentaires, sucres multicolores pour la déco

■ Préchauffez le four à 170 °C (th. 5-6).

■ Dans un saladier, mélangez le yaourt, la farine et la levure. Incorporez les œufs l'un après l'autre. Ajoutez le sucre et le beurre fondu.

■ Écrasez les bananes à la fourchette et ajoutez-les à la préparation. Mélangez le tout à l'aide d'un robot. Ajoutez les pépites de chocolat et mélangez.

■ Placez les caissettes en papier dans les alvéoles d'un moule à muffins. Remplissez-les de pâte aux deux tiers.

■ Enfournez et faites cuire les cupcakes 20 minutes environ. Laissez-les refroidir totalement avant de les démouler.

■ À l'aide d'une poche munie d'une douille crantée déposez une jolie volute de Nutella® sur chaque cupcake. Ajoutez les décorations de votre choix.

Préparation : 30 min

Cuisson : 1 h à 1 h 05

CUPCAKES MERINGUÉS AUX AMANDES

www.mangocuisine.com/videocook/908/48

Ingrédients pour 6 à 8 cupcakes

- 2 œufs
- 50 g de farine
- 1 cuillerée à café de levure chimique
- 60 g de poudre d'amandes
- 110 g de sucre blond
- 110 g de beurre ramolli
- 2 cuillerées à café d'extrait d'amande
- 1 cuillerée à soupe de lait (facultatif)
- Sucres colorés pour la déco

Pour la meringue

- 135 g de sucre glace tamisé
- 1 blanc d'œuf

■ Préchauffez le four à 180 °C (th. 6).

■ Placez les caissettes dans les moules à cupcakes.

■ Dans un saladier, mélangez la farine, la poudre d'amandes, la levure et le sucre. Incorporez les œufs l'un après l'autre. Ajoutez le beurre et l'extrait d'amande. Mélangez jusqu'à obtenir une texture homogène (ajoutez 1 cuillerée à soupe de lait si nécessaire).

■ Répartissez la pâte dans les caissettes jusqu'aux deux tiers. Enfournez et faites cuire 15 à 20 minutes. Laissez refroidir sur une grille.

■ Préparez la meringue : préchauffez le four à 120 °C (th. 4). Fouettez le blanc d'œuf en neige bien ferme. Ajoutez le sucre glace et continuez de fouetter afin d'obtenir une mousse ultra-lisse.

■ Sur une plaque de cuisson recouverte de papier sulfurisé, à l'aide d'une poche à douille déposez des petits tas de meringue du même diamètre que les cupcakes. Enfournez et faites cuire pendant 45 minutes.

■ Déposez 1 meringue sur chaque cupcake et parsemez de sucres colorés.

CUPCAKES À LA NOISETTE

Préparation : 30 min

Cuisson : 15 à 20 min

Ingrédients pour 12 cupcakes

- 4 œufs
- 100 g de farine
- 1 sachet de levure chimique
- 100 g de poudre de noisettes
- 200 g de sucre de canne
- 200 g de beurre ramolli
- 1 cuillerée à café de poudre de vanille
- 30 g d'écorces d'orange confites
- 4 cuillerées à soupe de noisettes concassées pour la déco

Pour le glaçage

- 200 g de sucre glace tamisé
- 2 cuillerées à soupe de jus d'orange

■ Préchauffez le four à 180 °C (th. 6).

■ Placez les caissettes dans les moules à cupcakes.

■ Dans un saladier, mélangez la poudre de noisettes avec la farine, la vanille et la levure.

■ Dans un autre saladier, fouettez énergiquement les œufs et le sucre. Ajoutez le beurre et mélangez. Versez ensuite le mélange à base de farine et travaillez la pâte jusqu'à obtenir une texture homogène. Incorporez les écorces d'orange coupées en dés.

■ Répartissez la préparation dans les caissettes jusqu'aux deux tiers. Enfournez et faites cuire 15 à 20 minutes. Laissez refroidir sur une grille.

■ Préparez le glaçage : dans un saladier, mélangez vigoureusement le sucre glace avec le jus d'orange (la consistance ne doit pas être trop liquide).

■ Nappez les cupcakes de glaçage à l'orange et décorez avec les noisettes concassées.

Préparation : 30 min

Cuisson : 15 à 20 min

CUPCAKES CAFÉ-NOIX

Ingrédients pour 6 à 8 cupcakes

- 2 œufs
- 110 g de farine avec levure incorporée
- ½ sachet de levure chimique
- 110 g de sucre de canne
- 110 g de beurre ramolli
- 3 cuillerées à café d'extrait liquide de café
- 1 cuillerée à soupe de lait
- Cerneaux de noix entiers pour la déco

Pour le glaçage

- 100 g de beurre ramolli
- 200 g de sucre glace tamisé
- 2 cuillerées à soupe de café expresso
- 2 cuillerées à soupe de noix concassées

■ Préchauffez le four à 180 °C (th. 6).

■ Placez les caissettes dans les moules à cupcakes.

■ Dans un saladier, fouettez énergiquement les œufs et le sucre. Ajoutez le beurre et mélangez. Versez la farine, la levure et le lait. Mélangez jusqu'à obtenir une texture homogène. Incorporez l'extrait de café.

■ Répartissez la préparation dans les caissettes jusqu'aux deux tiers. Enfournez et faites cuire 15 à 20 minutes. Laissez refroidir sur une grille.

■ Préparez le glaçage : dans un saladier, mélangez vigoureusement le beurre, le sucre glace et le café expresso afin d'obtenir un glaçage assez épais. Ajoutez les noix concassées.

■ Décorez les cupcakes de glaçage aux noix et ajoutez quelques cerneaux entiers sur le dessus.

Préparation : 30 min

Cuisson : 20 min

Réfrigération : 20 min

CUPCAKES À LA PISTACHE

Ingrédients pour 10 cupcakes

- 2 œufs
- 60 g de farine
- ½ cuillerée à café de levure chimique
- 80 g de semoule fine
- 125 g de sucre semoule
- 125 g de beurre ramolli
- 125 g de pistaches non salées décortiquées
- 1 cuillerée à café d'arôme pistache
- 2 cuillerées à soupe de pistaches concassées pour la déco

Pour le glaçage

- 100 g de beurre ramolli
- 200 g de sucre glace tamisé
- 2 gouttes de colorant alimentaire vert
- Quelques gouttes de lait

■ Préchauffez le four à 180 °C (th. 6).

■ Placez les caissettes dans les moules à cupcakes.

■ Hachez finement les pistaches à l'aide du mixeur.

■ Dans un saladier, mélangez le beurre et la poudre de pistaches. Ajoutez le sucre, l'arôme pistache, la semoule, la farine et la levure. Mélangez puis incorporez les œufs l'un après l'autre. Travaillez la préparation pendant 2 minutes pour la rendre bien homogène.

■ Répartissez la préparation dans les caissettes jusqu'aux 2/3. Enfournez et faites cuire 20 minutes environ. Laissez les cupcakes refroidir sur une grille.

■ Préparez le glaçage : dans un saladier, mélangez énergiquement le beurre et le sucre glace en ajoutant quelques gouttes de lait. Incorporez le colorant vert et mélangez.

■ Décorez chaque cupcake de glaçage vert et formez un tourbillon avec la pointe d'un couteau. Laissez figer au réfrigérateur pendant 20 minutes.

■ Parsemez les cupcakes de pistaches concassées et dégustez.

Préparation : 30 min

Cuisson : 15 à 20 min

CUPCAKES À LA NOIX DE COCO

Ingrédients pour 6 à 8 cupcakes

- 2 œufs
- 60 g de farine avec levure incorporée
- ½ sachet de levure chimique
- 50 g de noix de coco râpée
- 110 g de sucre de canne
- 110 g de beurre ramolli
- 1 cuillerée à café de poudre de vanille ou d'extrait de vanille liquide
- Paillettes argentées ou blanches pour la déco

Pour le glaçage

- 100 g de beurre ramolli
- 200 g de sucre glace tamisé
- 30 g de noix de coco râpée

■ Préchauffez le four à 180 °C (th. 6).

■ Placez les caissettes dans les moules à cupcakes.

■ Dans un saladier, mélangez la noix de coco râpée avec la farine, la vanille et la levure.

■ Dans un autre saladier, fouettez énergiquement les œufs et le sucre. Ajoutez le beurre et mélangez. Incorporez ensuite le mélange à base de farine et travaillez la pâte jusqu'à obtenir une texture homogène.

■ Répartissez la préparation dans les caissettes jusqu'aux deux tiers. Enfournez et faites cuire 15 à 20 minutes. Laissez refroidir sur une grille.

■ Préparez le glaçage : dans un saladier, mélangez vigoureusement le beurre et le sucre glace avec 1 cuillerée à soupe d'eau chaude afin d'obtenir un glaçage assez épais. Ajoutez la noix de coco râpée et mélangez.

■ Nappez les cupcakes de glaçage à la noix de coco et décorez avec les paillettes en sucre.

Préparation : 30 min

Cuisson : 15 à 20 min

Réfrigération : 2 à 3 h

CUPCAKES DE NOËL

Ingrédients pour 6 à 8 cupcakes

- 2 œufs
- 110 g de farine avec levure incorporée
- ½ boîte de purée de marrons au naturel
- 100 g chocolat noir à pâtisser
- 110 g de sucre roux
- 110 g de beurre ramolli
- 1 cuillerée à café de cannelle en poudre ou d'épices de Noël
- 1 pincée de sel
- Sucreries colorées pour la déco

Pour la crème au beurre chocolatée

- 200 g de beurre pommade
- 150 g de sucre glace
- 20 g de cacao en poudre

www.mangocuisine.com/videocook/908/56

■ Préchauffez le four à 180 °C (th. 6).

■ Placez les caissettes dans les moules à cupcakes.

■ Hachez le chocolat puis faites-le fondre dans une casserole au bain-marie. Laissez tiédir.

■ Séparez les blancs d'œufs des jaunes. Dans un saladier, fouettez vigoureusement les jaunes et le sucre. Ajoutez la farine, le beurre et la purée de marrons. Mélangez puis incorporez le chocolat et les épices. Battez le tout pour obtenir une préparation bien lisse.

■ Montez les blancs en neige ferme avec la pincée de sel et incorporez-les délicatement au mélange chocolaté.

■ Répartissez la pâte dans les caissettes jusqu'aux deux tiers. Enfournez et faites cuire 15 à 20 minutes. Laissez refroidir sur une grille.

■ Préparez la crème au beurre : dans un saladier, mélangez le beurre pommade et le sucre glace à l'aide d'un fouet manuel ou du bout des doigts. Incorporez le cacao.

■ À l'aide d'une poche à douille, nappez les cupcakes de glaçage puis ajoutez les sucreries colorées. Placez au réfrigérateur 2 à 3 heures.

CUPCAKES FAÇON MONT-BLANC

Préparation : 30 min
Cuisson : 2 h 30 min
Réfrigération : 1 h

Ingrédients pour 10 cupcakes

- 2 œufs
- 100 g de crème de marrons
- 120 g de farine
- 2 cuillerées à café de levure chimique
- 40 g de sucre semoule
- 120 g de beurre fondu

Pour les meringues

- 4 blancs d'œufs
- 250 g de sucre glace tamisé

Pour le glaçage aux marrons

- 400 g de crème de marrons
- 300 g de pâte de marrons
- 80 g de beurre ramolli
- 5 cl de rhum brun

■ Préchauffez le four à 180 °C (th. 6).

■ Dans un saladier, mélangez la farine, la levure et le sucre. Ajoutez les œufs, le beurre fondu et la crème de marrons. Fouettez le tout pour avoir une pâte bien homogène.

■ Remplissez les caissettes à cupcakes de préparation jusqu'aux deux tiers. Enfournez et faites cuire 20 minutes. Laissez refroidir.

■ Pendant ce temps, préparez les meringues : préchauffez le four à 110 °C (th. 3-4). Fouettez les blancs d'œufs à l'aide d'un robot, en ajoutant petit à petit le sucre glace jusqu'à l'obtention d'une neige bien ferme. Sur une plaque à pâtisserie recouverte de papier sulfurisé, à l'aide d'une poche munie d'une douille crantée, déposez des petits tas d'appareil à meringue (autant que de cupcakes) de 5 à 6 cm de diamètre, en les espaçant. Enfournez et faites cuire 2 h 30. Laissez refroidir sur une grille.

■ Préparez le glaçage : dans un saladier, mélangez le beurre à la pâte de marrons. Ajoutez le rhum et la crème de marrons. Travaillez cet appareil avec une spatule pour le rendre bien lisse. Remplissez-en une poche munie d'une douille à petits trous ou crantée et décorez les meringues de spaghettis aux marrons.

■ Déposez 1 meringue façon mont-blanc sur chaque cupcake et placez 1 heure au réfrigérateur.

Préparation : 30 min

Cuisson : 15 à 20 min

CUPCAKES À LA LAVANDE

Ingrédients pour 10 cupcakes

- 2 œufs
- 125 g de farine avec levure incorporée
- 1 cuillerée à café de levure chimique
- 125 g de sucre blond
- 125 g de beurre ramolli
- 1 cuillerée à soupe de lait (facultatif)
- 1 cuillerée à soupe d'extrait de vanille liquide
- 2 gouttes d'huile essentielle de lavande
- Fleurs de lavande pour la déco

Pour le glaçage

- 200 g de sucre glace tamisé
- 2 gouttes d'huile essentielle de lavande
- 2 gouttes de colorant violet
- Quelques gouttes de lait

■ Préchauffez le four à 180 °C (th. 6).

■ Placez les caissettes dans les moules à cupcakes.

■ Dans un saladier, travaillez le beurre avec une cuillère en bois pour qu'il soit bien lisse et souple. Ajoutez le sucre et mélangez. Incorporez les œufs l'un après l'autre. Ajoutez la vanille, la farine, la levure puis l'huile essentielle de lavande. Mélangez le tout de façon à avoir une texture bien homogène : la pâte doit se détacher de la cuillère (sinon, ajoutez 1 cuillerée à soupe de lait et mélangez à nouveau).

■ Répartissez la préparation dans les caissettes jusqu'aux deux tiers. Enfournez et faites cuire 15 à 20 minutes. Laissez refroidir sur une grille.

■ Préparez le glaçage : dans un bol, mélangez vigoureusement le sucre glace avec quelques gouttes de lait. Ajoutez l'huile essentielle de lavande et le colorant. Lissez avec une spatule.

■ Décorez les cupcakes de glaçage violet et parsemez de fleurs de lavande.

Préparation : 30 min

Cuisson : 15 à 20 min

CUPCAKES FAÇON CARROT CAKE

www.mangocuisine.com/videocook/908/60

Ingrédients pour 6 à 8 cupcakes

- 2 œufs
- 110 g de farine avec levure incorporée
- ½ sachet de levure chimique
- 110 g de sucre roux ou blond (ou vergeoise brune)
- 110 g de beurre ramolli
- 1 carotte
- 1 cuillerée à soupe de lait (facultatif)
- 1 cuillerée à soupe d'extrait de vanille liquide
- Sucres colorés et confiseries en pâte d'amandes pour la déco

Pour le glaçage

- 150 g de sucre glace tamisé
- 150 g de fromage frais salé (type St Môret®, Philadelphia® ou Madame Loïk®)

■ Préchauffez le four à 180 °C (th. 6).

■ Placez les caissettes dans les moules à cupcakes.

■ Épluchez et râpez la carotte.

■ Dans un saladier, travaillez le beurre avec une cuillère en bois pour qu'il soit bien lisse et souple. Ajoutez le sucre et mélangez. Incorporez les œufs l'un après l'autre. Ajoutez la vanille, la farine, la levure puis la carotte râpée. Mélangez le tout de façon à avoir une texture bien homogène : la pâte doit se détacher de la cuillère (sinon, ajoutez 1 cuillerée à soupe de lait et mélangez à nouveau).

■ Répartissez la préparation dans les caissettes jusqu'aux deux tiers. Enfournez et faites cuire 15 à 20 minutes. Laissez refroidir sur une grille.

■ Préparez le glaçage : mélangez le sucre glace et le fromage frais au batteur.

■ Nappez les cupcakes de glaçage et ajoutez des décorations en sucre ou pâte d'amandes sur le dessus.

Préparation : 30 min

Cuisson : 15 à 20 min

CUPCAKES DE LA SAINT-VALENTIN

Ingrédients pour 10 cupcakes

- 200 g de framboises fraîches
- 2 œufs
- 125 g de farine avec 1 cuillerée à café de levure tamisée
- 75 g de farine fluide tamisée
- 150 g de beurre ramolli
- 150 g de sucre semoule
- 2 cuillerées à soupe de sucre glace tamisé
- 1 cuillerée à café d'extrait de vanille liquide
- 1 cuillerée à soupe de lait
- 1 filet de jus de citron
- Petits sucres en forme de cœur (ou autres) pour la déco

Pour le glaçage

- 200 g de sucre glace tamisé
- 2 gouttes de colorant rose

■ Placez les caissettes en papier dans les moules à cupcakes.

■ Préparez le glaçage : dans un bol, mélangez vigoureusement le sucre glace avec 1 cuillerée à soupe d'eau chaude. Ajoutez le colorant rose et lissez avec une spatule. Placez au réfrigérateur.

■ Préchauffez le four à 190 °C (th. 6-7).

■ Écrasez les framboises à la fourchette et tamisez-les dans un chinois au-dessus d'un bol pour obtenir un coulis sans pépins. Ajoutez le sucre glace et le jus de citron.

■ Dans un saladier, fouettez le beurre et le sucre semoule jusqu'à ce que le mélange blanchisse. Incorporez les œufs l'un après l'autre puis l'extrait de vanille. Ajoutez ensuite les deux farines et le lait. Mélangez vigoureusement l'appareil pour le rendre homogène.

■ Répartissez la pâte dans les caissettes à mi-hauteur. Ajoutez par-dessus 1 cuillerée à café de coulis de framboise puis recouvrez de pâte. Faites un tourbillon avec la pointe d'un couteau pour mélanger les deux textures. Enfournez et faites cuire 15 à 20 minutes.

■ Démoulez les cupcakes et laissez-les refroidir sur une grille. Décorez-les de glaçage rose et de petits sucres.

www.mangocuisine.com/videocook/908/62

Préparation : 20 min

Cuisson : 15 à 20 min

Réfrigération : 20 min

CUPCAKES CITRON-PAVOT

Ingrédients pour 10 cupcakes

- 2 œufs
- 125 g de farine
- 1 sachet de levure chimique
- 125 g de beurre ramolli
- 125 g de sucre semoule
- 10 cl de lait
- 2 cuillerées à soupe de graines de pavot bleu pour la déco

Pour le glaçage
- 200 g de sucre glace tamisé
- Le jus et le zeste de 1 citron

■ Préchauffez le four à 180 °C (th. 6).

■ Placez les caissettes dans les moules à cupcakes.

■ Dans un saladier, mélangez le beurre et le sucre. Ajoutez la farine, la levure et le lait. Incorporez les œufs l'un après l'autre. Travaillez la préparation pendant 2 minutes pour la rendre bien homogène.

■ Répartissez la préparation dans les caissettes. Enfournez et faites cuire 15 à 20 minutes. Laissez les cupcakes refroidir sur une grille.

■ Préparez le glaçage : dans un bol, mélangez énergiquement le sucre glace et le jus de citron afin d'obtenir une consistance épaisse. Ajoutez le zeste de citron et mélangez. Placez 20 minutes au réfrigérateur.

■ Décorez les cupcakes de glaçage et parsemez de graines de pavot.

CUPCAKES AUX FRAISES

Préparation : 30 min

Cuisson : 15 à 20 min

Ingrédients pour 10 cupcakes

- 200 g de fraises
- 2 œufs
- 125 g de farine avec levure incorporée
- 1 cuillerée à café de levure chimique
- 125 g de sucre blond
- 125 g de beurre ramolli
- 1 cuillerée à soupe de lait (facultatif)
- 1 cuillerée à soupe d'extrait de vanille liquide
- Quelques copeaux ou vermicelles de chocolat blanc pour la déco

Pour la crème au mascarpone

- 200 g de mascarpone
- 400 g de sucre glace tamisé
- 1 cuillerée à soupe de lait

■ Préchauffez le four à 180 °C (th. 6).

■ Placez les caissettes dans les moules à cupcakes.

■ Lavez et équeutez les fraises. Gardez-en une dizaine pour la déco et coupez le reste en petits cubes.

■ Dans un saladier, travaillez le beurre avec une cuillère en bois pour qu'il soit bien lisse et souple. Ajoutez le sucre et mélangez. Incorporez les œufs l'un après l'autre. Ajoutez la vanille, la farine puis la levure. Mélangez le tout de façon à obtenir une texture bien homogène : la pâte doit se détacher de la cuillère (sinon, ajoutez 1 cuillerée à soupe de lait et mélangez à nouveau).

■ Garnissez les caissettes jusqu'aux deux tiers en alternant la pâte et les cubes de fraises. Enfournez et faites cuire 15 à 20 minutes. Laissez refroidir sur une grille.

■ Préparez la crème : fouettez le mascarpone et le sucre glace au batteur en ajoutant 1 cuillerée à soupe de lait pour détendre un peu le mélange.

■ À l'aide d'une poche à douille, décorez les cupcakes de crème au mascarpone. Ajoutez 1 fraise entière sur le dessus et saupoudrez de vermicelles ou copeaux de chocolat.

Ces cupcakes sont délicieux avec un petit coulis de fraises.

CUPCAKES AUX FRUITS FRAIS

Préparation : 30 min

Cuisson : 15 à 20 min

Ingrédients pour 10 cupcakes

- 100 g de fruits au sirop (poire, ananas, pêche) ou frais (mangue, pomme)
- 2 œufs
- 125 g de farine avec levure incorporée
- 1 cuillerée à café de levure chimique
- 125 g de sucre blond
- 125 g de beurre ramolli
- 1 cuillerée à soupe de lait (facultatif)
- Fruits exotiques et sucreries pour la déco

Pour la crème au mascarpone

- 200 g de mascarpone
- 400 g de sucre glace tamisé
- 1 cuillerée à soupe de lait

■ Préchauffez le four à 180 °C (th. 6).

■ Placez les caissettes dans les moules à cupcakes.

■ Égouttez les fruits au sirop ou coupez les fruits frais en petits cubes. Réservez-en un peu pour la déco.

■ Dans un saladier, travaillez le beurre avec une cuillère en bois pour qu'il soit bien lisse et souple. Ajoutez le sucre et mélangez. Incorporez les œufs l'un après l'autre. Ajoutez la vanille, la farine puis la levure. Mélangez le tout de façon à avoir une texture bien homogène : la pâte doit se détacher de la cuillère (sinon, ajoutez 1 cuillerée à soupe de lait et mélangez à nouveau).

■ Garnissez les caissettes jusqu'aux deux tiers en alternant la préparation et les morceaux de fruits. Enfournez et faites cuire 15 à 20 minutes. Laissez refroidir sur une grille.

■ Préparez la crème : fouettez le mascarpone et le sucre glace au batteur en ajoutant 1 cuillerée à soupe de lait pour détendre un peu le mélange.

■ À l'aide d'une poche à douille, décorez les cupcakes de crème au mascarpone. Ajoutez sur le dessus les fruits réservés et la décoration de votre choix.

Préparation : 30 min

Cuisson : 8 min

WHOOPIES AU CHOCOLAT FOURRÉS AU CHAMALLOW

www.mangocuisine.com/videocook/908/68

Ingrédients pour 12 whoopies

- 200 g de chocolat noir haché ou en pépites
- 3 œufs
- 140 g de farine tamisée
- 1 cuillerée à café de levure chimique
- 200 g de sucre semoule
- 125 g de beurre
- 1 cuillerée à café d'extrait de vanille liquide
- 25 g de cacao en poudre amer
- 1 sachet de chamallows
- 1 pincée de sel

■ Préchauffez le four à 180 °C (th. 6).

■ Faites fondre le chocolat et le beurre dans un bol au bain-marie ou au micro-ondes. Mélangez au fouet pour bien lisser la préparation.

■ À l'aide du batteur, fouettez les œufs avec le sucre et la vanille pour faire mousser le mélange. Ajoutez la préparation au chocolat et mélangez avec une spatule. Incorporez la farine, le cacao, la levure et 1 pincée de sel. Travaillez l'appareil pour le rendre homogène.

■ Sur une plaque à pâtisserie recouverte de papier sulfurisé, à l'aide d'une poche à douille, déposez 24 petits disques de pâte de 3 cm de diamètre environ, en les espaçant (comme pour les macarons). Enfournez et faites cuire 8 minutes. Laissez légèrement tiédir.

■ Sur la moitié des biscuits disposez 1 chamallow sur la partie plate et enfournez pendant 2 minutes afin qu'il ramollisse. Aplatissez en recouvrant avec un autre biscuit.

Préparation : 30 min

Cuisson : 8 à 10 min

WHOOPIES COOKIES

Ingrédients pour 12 whoopies

- 1 gros œuf
- 250 g de farine
- 1 cuillerée à café de levure chimique
- 65 g de sucre semoule
- 125 g de sucre roux
- 125 g de beurre ramolli
- 1 cuillerée à café d'extrait de vanille liquide
- 150 g de pépites de chocolat au lait
- ½ cuillerée à café de sel

Pour la ganache au chocolat noir

-150 g de chocolat noir à pâtisser
- 12,5 cl de crème liquide

■ Préchauffez le four à 180 °C (th. 6).

■ Dans un saladier, tamisez la farine, la levure et le sel.

■ À l'aide du batteur, fouettez le beurre et les deux sucres jusqu'à ce que le mélange blanchisse. Tout en continuant de battre à petite vitesse, ajoutez l'œuf puis versez peu à peu le mélange à base de farine. Incorporez enfin l'extrait de vanille et les pépites de chocolat.

■ Sur une plaque à pâtisserie recouverte de papier sulfurisé, à l'aide d'une cuillère à soupe, déposez 24 boules de pâte en les espaçant de 5 cm minimum.

■ Enfournez et faites cuire 8 à 10 minutes : le milieu doit rester un peu mou. Laissez-les tiédir, puis décollez-les à l'aide d'une spatule et faites-les refroidir sur une grille.

■ Préparez la ganache : faites fondre le chocolat haché avec la crème liquide au micro-ondes ou dans une casserole au bain-marie. Lissez au fouet.

■ Confectionnez les whoopies : assemblez les cookies deux par deux comme des macarons en les collant avec 1 cuillerée à café de ganache. Laissez prendre au réfrigérateur.

Préparation : 30 min

Cuisson : 10 à 12 min

Réfrigération : 30 min

WHOOPIES AU NUTELLA®

Ingrédients pour 12 whoopies

- 1 gros œuf
- 110 g de farine tamisée
- ½ sachet de levure chimique
- 100 g de sucre roux
- 100 g de beurre
- 150 g de Nutella®

■ Faites fondre le beurre au micro-ondes ou dans une casserole au bain-marie.

■ À l'aide du batteur, fouettez l'œuf et le sucre. Ajoutez le beurre fondu puis la farine et la levure. Continuez de mélanger au batteur afin d'avoir une pâte bien lisse. Ajoutez 2 cuillerées à soupe de Nutella® ramolli. Mélangez à nouveau.

■ Roulez la pâte en un boudin de 5 cm d'épaisseur, filmez et placez 30 minutes au réfrigérateur.

■ Préchauffez le four à 180 °C (th. 6).

■ Sortez la pâte du réfrigérateur, enlevez le film et coupez le boudin (qui aura légèrement durci) en 24 rondelles de 1 cm d'épaisseur.

■ Déposez les rondelles de pâte sur une plaque à pâtisserie recouverte de papier sulfurisé. Enfournez et faites cuire 10 à 12 minutes. Laissez-les tiédir, puis décollez-les à l'aide d'une spatule et faites-les refroidir sur une grille.

■ Confectionnez les whoopies : assemblez les biscuits deux par deux comme des macarons en les collant avec 1 cuillerée à café de Nutella®.

Préparation : 30 min

Cuisson : 8 à 10 min

WHOOPIES RAYÉS AU CHOCOLAT

Ingrédients pour 12 whoopies

- 3 œufs
- 200 g de chocolat noir
- 140 g de farine
- 1 cuillerée à café de levure chimique
- 200 g de cassonade
- 125 g de beurre
- 25 g de cacao en poudre amer
- 1 cuillerée à café d'extrait de vanille liquide

Pour la ganache au chocolat blanc
- 150 g de chocolat blanc
- 12,5 cl de crème liquide

■ Préchauffez le four à 180 °C (th. 6).

■ Faites fondre le chocolat cassé en morceaux avec le beurre au micro-ondes ou dans une casserole au bain-marie. Mélangez au fouet pour bien lisser la préparation.

■ Dans un saladier, fouettez énergiquement les œufs et la cassonade. Ajoutez la préparation au chocolat et mélangez. Incorporez la farine, la levure, le cacao et la vanille liquide. Mélangez le tout de façon à obtenir une pâte homogène.

■ Sur une plaque à pâtisserie recouverte de papier sulfurisé, déposez 24 tas de pâte bien espacés. Enfournez et faites cuire 8 à 10 minutes. Laissez-les tiédir, puis décollez-les à l'aide d'une spatule et faites-les refroidir sur une grille.

■ Préparez la ganache : hachez le chocolat et faites-le fondre au micro-ondes ou dans une casserole au bain-marie. Faites chauffer la crème liquide dans une petite casserole. Ajoutez le chocolat fondu et faites chauffer à feu très doux, en mélangeant sans cesse à la spatule jusqu'à l'obtention d'une crème bien lisse.

■ Confectionnez les whoopies : assemblez les coques deux par deux comme des macarons en les collant avec 1 cuillerée à café de ganache.

■ Versez le reste de la ganache dans un sac de congélation. Coupez un angle du sac et dessinez des rayures de chocolat blanc sur les whoopies. Laissez prendre au réfrigérateur.

WHOOPIES À LA VANILLE

Préparation : 30 min

Cuisson : 10 à 12 min

Réfrigération : 30 min

Ingrédients pour 12 whoopies

- 1 gros œuf
- 110 g de farine tamisée
- ½ sachet de levure chimique
- 80 g de beurre demi-sel
- 80 g de cassonade
- 1 sachet de sucre vanillé

Pour la crème vanillée

- 250 g de mascarpone
- 40 g de sucre roux
- 2 cuillerées à soupe d'extrait de vanille liquide

■ Faites fondre le beurre au micro-ondes ou dans une casserole au bain-marie.

■ À l'aide du batteur, fouettez l'œuf et la cassonade. Ajoutez le beurre fondu puis la farine, la levure et le sucre vanillé. Continuez de mélanger au batteur afin d'avoir une pâte bien lisse.

■ Roulez la pâte en un boudin de 5 cm d'épaisseur, filmez et placez 30 minutes au réfrigérateur.

■ Préchauffez le four à 180 °C (th. 6).

■ Sortez la pâte du réfrigérateur, enlevez le film et coupez le boudin (qui aura légèrement durci) en 24 rondelles de 1 cm d'épaisseur.

■ Déposez les rondelles de pâte sur une plaque à pâtisserie recouverte de papier sulfurisé. Enfournez et faites cuire 10 à 12 minutes. Laissez-les tiédir, puis décollez-les à l'aide d'une spatule et faites-les refroidir sur une grille.

■ Réalisez la crème vanillée : dans un saladier, fouettez à la fourchette le mascarpone avec le sucre roux et la vanille liquide jusqu'à l'obtention d'un mélange aérien.

■ Confectionnez les whoopies : assemblez les biscuits deux par deux comme des macarons en les collant avec 1 cuillerée à café de crème vanillée.

WHOOPIES AUX NOISETTES & CARAMEL AU BEURRE SALÉ

Préparation : 30 min

Cuisson : 10 à 12 min

Réfrigération : 30 min

Ingrédients pour 12 whoopies

- 1 gros œuf
- 110 g de farine tamisée
- ½ sachet de levure chimique
- 70 g de poudre de noisettes
- 100 g de sucre roux
- 100 g de beurre demi-sel
- 150 g de crème de Salidou® (caramel au beurre salé)

■ Faites fondre le beurre au micro-ondes ou dans une casserole au bain-marie.

■ À l'aide du batteur, fouettez l'œuf et le sucre. Ajoutez le beurre fondu puis la farine, la poudre de noisettes et la levure. Continuez de mélanger au batteur afin d'avoir une pâte bien lisse.

■ Roulez la pâte en un boudin de 5 cm d'épaisseur, filmez et placez 30 minutes au réfrigérateur.

■ Préchauffez le four à 180 °C (th. 6).

■ Sortez la pâte du réfrigérateur, enlevez le film et coupez le boudin (qui aura légèrement durci) en 24 rondelles de 1 cm d'épaisseur.

■ Déposez les rondelles de pâte sur une plaque à pâtisserie recouverte de papier sulfurisé. Enfournez et faites cuire 10 à 12 minutes. Laissez-les tiédir, puis décollez-les à l'aide d'une spatule et faites-les refroidir sur une grille.

■ Confectionnez les whoopies : assemblez les biscuits deux par deux comme des macarons en les collant avec 1 cuillerée à café de crème de Salidou®.

Préparation : 30 min

Cuisson : 10 à 12 min

WHOOPIES PÉCAN-PISTACHE

Ingrédients pour 8 whoopies

- 1 gros œuf
- 100 g de farine tamisée
- ½ sachet de levure chimique
- 50 g de cassonade
- 50 g de beurre
- 50 g de pistaches non salées décortiquées ou de pâte de pistache
- 50 g de noix de pécan

Pour la ganache à la pistache
- 150 g de chocolat blanc
- 12,5 cl de crème liquide
- 1 goutte d'arôme pistache
- 1 ou 2 gouttes de colorant alimentaire vert

■ Préparez la ganache : faites fondre le chocolat cassé en morceaux au micro-ondes ou dans une casserole au bain-marie. Hors du feu, ajoutez la crème liquide, l'arôme pistache et le colorant vert. Lissez au fouet. Placez cette ganache au réfrigérateur.

■ Préchauffez le four à 180 °C (th. 6).

■ Mixez grossièrement les pistaches et les noix de pécan.

■ Faites fondre le beurre au micro-ondes ou dans une casserole au bain-marie.

■ Dans un saladier, fouettez énergiquement l'œuf et la cassonade. Ajoutez le beurre fondu puis la farine et la levure. Mélangez le tout afin d'obtenir une pâte homogène. Incorporez ensuite la poudre pistaches-noix de pécan.

■ Sur une plaque à pâtisserie recouverte de papier sulfurisé, à l'aide d'une cuillère à soupe déposez 16 tas de pâte bien espacés. Enfournez et faites cuire 10 à 12 minutes. Laissez-les tiédir puis décollez-les à l'aide d'une spatule et faites-les refroidir sur une grille.

■ Confectionnez les whoopies : assemblez les coques deux par deux comme des macarons en les collant avec 1 cuillerée à café de ganache.

Préparation : 20 min

Cuisson : 10 à 12 min

WHOOPIES AUX MARRONS

Ingrédients pour 15 whoopies

- 80 g de cacao en poudre
- 150 g de farine
- 1 sachet de levure chimique
- 2 gros œufs
- 100 g de cassonade
- 1 sachet de sucre vanillé
- 80 g de beurre

Pour la chantilly aux marrons

- 120 g de crème de marrons
- 12,5 cl de crème liquide
- 20 g de sucre glace

■ Préchauffez le four à 180 °C (th. 6).

■ Faites fondre le beurre au micro-ondes ou dans une casserole au bain-marie.

■ Dans un saladier, fouettez énergiquement les œufs avec la cassonade et le sucre vanillé. Ajoutez le beurre fondu puis la farine et la levure. Mélangez le tout afin d'obtenir une préparation homogène. Saupoudrez de cacao et remuez rapidement avec une spatule de façon à obtenir une pâte marbrée.

■ Sur une plaque à pâtisserie recouverte de papier sulfurisé, à l'aide d'une cuillère à soupe déposez 30 tas de pâte bien espacés. Enfournez et faites cuire 10 à 12 minutes. Laissez-les tiédir, puis décollez-les à l'aide d'une spatule et faites-les refroidir sur une grille.

■ Préparez la chantilly : fouettez la crème liquide. Lorqu'elle devient ferme, ajoutez le sucre glace, tout en continuant de fouetter. Mélangez la crème de marrons et la chantilly à l'aide d'une cuillère en bois. Placez au frais.

■ Confectionnez les whoopies : assemblez les coques deux par deux comme des macarons en les collant avec 1 cuillerée à café de chantilly aux marrons.

Préparation : 30 min

Cuisson : 12 min

Repos : 2 h 20

WHOOPIES AUX FLOCONS D'AVOINE & CONFITURE DE LAIT

Ingrédients pour 12 whoopies

- 2 œufs
- 60 g de flocons d'avoine + 1 grosse cuillerée à soupe pour la déco
- 200 g de farine tamisée
- 1 cuillerée à café de levure chimique
- 150 g de cassonade
- 100 g de beurre
- 1 cuillerée à café d'extrait de vanille liquide
- 10 cl de lait + 2 cuillerées à soupe
- 150 g de caramel au beurre salé à tartiner

■ Faites gonfler les flocons d'avoine dans 2 cuillerées à soupe de lait quelques heures avant de démarrer la recette.

■ Préchauffez le four à 180 °C (th. 6).

■ À l'aide du batteur, fouettez le beurre avec la cassonade et les flocons d'avoine égouttés. Ajoutez les œufs et fouettez à nouveau. Incorporez progressivement la farine, la levure et la vanille liquide. Ajoutez le lait et mélangez à nouveau. Laissez reposer la pâte 20 minutes.

■ Sur une plaque à pâtisserie recouverte de papier sulfurisé, à l'aide d'une poche à douille, déposez 24 petits tas de pâte bien espacés. Enfournez et faites cuire 12 minutes. Laissez-les tiédir, puis décollez-les à l'aide d'une spatule et faites-les refroidir sur une grille.

■ Confectionnez les whoopies : assemblez les coques deux par deux comme des macarons en les collant avec 1 cuillerée à café de caramel au beurre salé. Parsemez le dessus de flocons d'avoine.

WHOOPIES AUX AMANDES

Préparation : 30 min

Cuisson : 10 à 12 min

Ingrédients pour 8 whoopies

- 1 gros œuf
- 100 g de farine tamisée
- ½ sachet de levure chimique
- 25 g de poudre d'amandes
- 50 g de cassonade
- 50 g de beurre
- 1 cuillerée à café d'amaretto (liqueur italienne)
- 8 amandes entières

Pour la crème au mascarpone

- 250 g de mascarpone
- 50 g de sucre semoule

■ Préchauffez le four à 180 °C (th. 6).

■ Faites fondre le beurre au micro-ondes ou dans une casserole au bain-marie.

■ Dans un saladier, fouettez énergiquement l'œuf et la cassonade. Ajoutez le beurre fondu puis la farine, la levure et la liqueur. Mélangez le tout afin d'obtenir une pâte homogène. Incorporez ensuite la poudre d'amandes.

■ Sur une plaque à pâtisserie recouverte de papier sulfurisé, à l'aide d'une cuillère à soupe déposez 16 tas de pâte bien espacés.

■ Placez 1 amande entière au centre de 8 coques en l'enfonçant légèrement. Enfournez et faites cuire 10 à 12 minutes. Laissez-les tiédir puis décollez-les à l'aide d'une spatule et faites-les refroidir sur une grille.

■ Préparez la crème au mascarpone : dans un bol, fouettez le mascarpone et le sucre à l'aide du batteur électrique pour avoir un mélange aérien.

■ Confectionnez les whoopies : tartinez les coques sans amande de crème au mascarpone puis recouvrez d'1 coque avec amande.

WHOOPIES CŒURS À LA FRAISE

Préparation : 30 min

Cuisson : 10 à 12 min

Ingrédients pour 4 whoopies cœurs

- 100 g de confiture de fraises
- 1 œuf
- 100 g de farine
- 1 sachet de levure chimique
- 50 g de beurre
- 50 g de cassonade
- 1 goutte de colorant alimentaire rose

Pour la ganache au chocolat blanc

- 150 g de chocolat blanc
- 12,5 cl de crème liquide

■ Préchauffez le four à 180 °C (th. 6).

■ Faites fondre le beurre au micro-ondes ou dans une casserole au bain-marie.

■ Dans un saladier, fouettez énergiquement l'œuf et la cassonade. Ajoutez le beurre fondu puis la confiture de fraises. Incorporez la farine, la levure et le colorant alimentaire rose. Mélangez afin d'obtenir une pâte homogène.

■ Répartissez la pâte dans 4 petits moules beurrés en forme de cœur. Enfournez et faites cuire 10 à 12 minutes. Laissez refroidir avant de démouler les cœurs.

■ Préparez la ganache : dans une casserole, faites fondre le chocolat cassé en morceaux avec la crème liquide sur feu très doux. Lissez au fouet et laissez refroidir.

■ Confectionnez les whoopies : tartinez 2 cœurs de ganache puis recouvrez-les avec 1 autre cœur.

Décorez selon votre inspiration en utilisant un tube de pâte de sucre et les sucreries de votre choix.

Préparation : 30 min

Cuisson : 10 à 12 min

WHOOPIES À LA FRAMBOISE

Ingrédients pour 8 whoopies

- 1 gros œuf
- 100 g de farine tamisée
- ½ sachet de levure chimique
- 50 g de cassonade
- 50 g de beurre
- 2 gouttes de colorant alimentaire rouge ou rose

Pour la compotée de framboises

- 200 g de framboises
- 50 g de Vitpris®
- 50 g de sucre semoule

■ Préparez la compotée de framboises : faites cuire les framboises dans une casserole avec le Vitpris® et le sucre 20 minutes sur feu doux. Réservez : la compotée va figer.

■ Préchauffez le four à 180 °C (th. 6).

■ Faites fondre le beurre au micro-ondes ou dans une casserole au bain-marie.

■ Dans un saladier, fouettez énergiquement l'œuf et la cassonade. Ajoutez le beurre fondu puis la farine et la levure. Mélangez le tout afin d'obtenir une pâte homogène. Incorporez ensuite le colorant alimentaire sans remuer totalement de façon à garder une pâte marbrée.

■ Sur une plaque à pâtisserie recouverte de papier sulfurisé, à l'aide d'une cuillère à soupe déposez 16 tas de pâte bien espacés. Enfournez et faites cuire 10 à 12 minutes. Laissez-les tiédir, puis décollez-les à l'aide d'une spatule et faites-les refroidir sur une grille.

■ Confectionnez les whoopies : assemblez les coques deux par deux comme des macarons en les collant avec 1 cuillerée à café de compotée de framboises.

Préparation : 30 min

Cuisson : 8 à 10 min

WHOOPIES AU POTIRON & SPÉCULOS

Ingrédients pour 12 whoopies

- 70 g de chair de potiron
- 250 g de farine
- 1 cuillerée à café de levure chimique
- 1 cuillerée à café de bicarbonate de soude
- 1 gros œuf
- 250 g de yaourt nature (ou 25 cl de lait fermenté, type ribot)
- 1 cuillerée à café d'extrait de vanille liquide
- 115 g de beurre ramolli
- 200 g de sucre semoule
- ½ cuillerée à café de sel
- 150 g de pâte de spéculos à tartiner

■ Préchauffez le four à 180 °C (th. 6).

■ Râpez la chair de potiron (comme une carotte).

■ Dans un saladier, tamisez la farine, le bicarbonate, la levure et le sel.

■ À l'aide du batteur, fouettez le beurre et le sucre jusqu'à ce que le mélange blanchisse. Tout en continuant de battre à petite vitesse, ajoutez l'œuf et le yaourt, puis versez peu à peu le mélange à base de farine. Incorporez enfin l'extrait de vanille puis le potiron râpé.

■ Sur une plaque à pâtisserie recouverte de papier sulfurisé, à l'aide d'une cuillère à soupe, déposez 24 tas de pâte en les espaçant de 5 cm minimum (tâchez de garder une forme à peu près ronde).

■ Enfournez et faites cuire 8 à 10 minutes. Laissez-les tiédir puis décollez-les à l'aide d'une spatule et faites-les refroidir sur une grille.

■ Confectionnez les whoopies : assemblez les coques deux par deux comme des macarons en les collant avec 1 cuillerée à café de pâte de spéculos.

Préparation : 30 min

Cuisson : 15 à 20 min

CHOUQUETTES WHOOPIES

Ingrédients pour 30 chouquettes environ

- 3 gros œufs
- 150 g de farine
- ½ sachet de levure chimique
- 100 g de beurre
- 1 cuillerée à soupe de sucre semoule
- 25 g de sucre perlé
- 1 sachet de sucre vanillé
- ½ cuillerée à café de sel

Pour la chantilly

- 12,5 cl de crème entière liquide très froide
- 50 g de sucre glace
- Vermicelles au chocolat

■ Préchauffez le four à 210 °C (th. 7).

■ Dans une casserole, portez à ébullition 10 cl d'eau avec le beurre coupé en morceaux. Retirez alors la casserole du feu et jetez d'un coup la farine, le sel et la levure. Mélangez énergiquement au fouet. Remettez la casserole sur feu très doux pour que la pâte se décolle des parois et forme une boule lisse. Laissez légèrement refroidir.

■ Incorporez les œufs l'un après l'autre à la préparation en mélangeant bien à chaque fois. Ajoutez les sucres semoule et vanillé et mélangez à nouveau pour avoir une pâte bien homogène.

■ Sur une plaque à pâtisserie recouverte de papier sulfurisé, à l'aide d'une poche à douille, déposez une trentaine de tas de pâte bien espacés. Saupoudrez de sucre perlé. Enfournez et faites cuire 15 à 20 minutes.

■ Coupez les chouquettes en deux dans l'épaisseur et laissez-les refroidir sur une grille.

■ Fouettez la crème avec le sucre glace pour obtenir une chantilly bien épaisse.

■ Fourrez les chouquettes de chantilly. Décorez-la de vermicelles au chocolat. Placez au réfrigérateur jusqu'au moment de servir.

www.mangocuisine.com/videocook/908/90

INDEX

ÉQUIVALENCES

MESURES LIQUIDES

SYSTÈME MÉTRIQUE	SYSTÈME AMÉRICAIN	AUTRE NOM
5 ml	1 cuillère à thé (cuillère à café française)	
15 ml	1 cuillère à table (cuillère à soupe française)	
35 ml	1/8 cup (tasse française)	1 oz (ou once)
65 ml	1/4 cup ou 1/4 grand verre	2 oz
125 ml	1/2 cup ou 1/2 grand verre	4 oz
250 ml	1 cup ou 1 grand verre	8 oz
500 ml	2 cups ou 1 pinte	
1 litre	4 cups ou 2 pintes	

MESURES SOLIDES

SYSTÈME MÉTRIQUE	SYSTÈME AMÉRICAIN	AUTRE NOM
30 g	1 oz	
55 g	1/8 lbs	2 oz
115 g	1/4 lbs	4 oz
170 g	3/8 lbs	6 oz
225 g	1/2 lbs	8 oz
454 g	1 livre	16 oz

CHALEUR DU FOUR

CHALEUR	° CELSIUS	THERMOSTAT	° FAHRENHEIT
Très doux	70 °C	Th. 2-3	150 °F
Doux	100 °C	Th. 3-4	200 °F
	120 °C	Th. 4	250 °F
Moyen	150 °C	Th. 5	300 °F
	180 °C	Th. 6	350 °F
Chaud	200 °C	Th. 6-7	400 °F
	230 °C	Th. 7-8	450 °F
Très chaud	260 °C	Th. 8-9	500 °F

Mango une marque de Fleurus Éditions
www.fleuruseditions.com

www.mangocuisine.com/videocook

Édition : Barbara Sabatier et Adèle Vay - Direction artistique : Laurent Quellet
Maquette : Chantal Tuaud et Mélissa Chalot - Fabrication : Thierry Dubus et Florence Bellot

N° d'édition : M12048 - ISBN : 9782317002908 - Code MDS : 73887 - Photogravure : Amalthéa
Achevé d'imprimer en février 2012 par Graficas Estella – Espagne - Dépôt légal : mars 2012 - Édition N°1

DANS LA MÊME COLLECTION